En författares skildring av stenar & fossiler

Stenarnas vidunderliga värld

En författares skildring av stenar & fossiler

Stenarnas vidunderliga värld

Författare: Pierre Dahlin
Fotograf: Cattarina Deen

Stenarnas vidunderliga värld

© 2015 Pierre Dahlin
Förlag och tryck: BoD
ISBN: 978-91-7463-801-1

Ortoceratiter (*Orthocerida* av grekiskans *ortho*= rak och *keras*= horn) är en ordning av bläckfiskar som levde för 400 miljoner år sedan, i Paleozoikum. De hade ett rakt eller svagt svängt spetsigt skal.

Ursprungligen sammanfördes under Orhoceras ett stort antal former, som senare kommit att grupperas i flera familjer med en mängd släkten och arter.

Ortoceratiterna har i mycket liknat den nu levande Pärlbåtarna, men skalet var rakt koniskt eller nästan cylindriskt med en diameter växlande från cirka 1

centimeter till 10 centimeter. Vissa arter
kunde nå en längd upp till 10 meter.
Skalets tillväxt har också liknat det hos
pärlbåtarna; i boningskammaren
avsöndrade djurets mantel skalsubstans i
fortsättning utåt av skalet, och sedan
djurets kropp följt med utåt, avsöndrades
bakom denna en ny urglasformad
skalvägg, ett septum, så att ett kamrat
skal bildade. Under tillväxten hade
djuret förbindelse med de äldre kamrarna
genom en köttig sträng av kroppsvävnad,
den så kallade sifonen. Genom den
kunde djuret pumpa dessa bakre kamrar
av skalet fulla med kroppsgaser eller
med vatten och därigenom höja eller
sänka sig i vattnet.

Ortoceratiterna antas ha varit
snabbsimmande rovdjur som simmade
bäst med spetsen framåt, men även
kunde även samma framåt. Vid
simningen fylldes de främre kamrarna av
sifonen med kalkspat, i allmänhet i
skalets undre del som en balanserande
köl.

I Sverige förekommer fossil av
Orthoceratidae, en familj med en tunn
centralt placerad sifon och
Endoceratiderna en familj med en
kraftig, mot skalets nedre del, placerad
sifon och Actinoceratiderna med en
kraftig sifon som sväller ut i den
enskilda kamrarna.

Fossil av ortoceratiter påträffas i Sverige
i kalkstenar från ordovicium i
Västergötland, Närke, Dalarna, Jämtland
och på Öland, samt i lager från silur på
Gotland och i Skåne.

Mosasauridae (familj ödlor från
Meusefloden), alternativt **mosasaurider**
eller **mosasaurier**, var en familj med
stora, havslevande kräldjur som man tror
dominerade i haven i slutet av
kritaperioden för cirka 90 - 65 miljoner
år sedan. De liknade slanka krokodiler
med simfötter, och vissa släkten kunde
bli cirka 15 meter långa, så som
Mosasaurus och *Tylosaurus*.
Mosasaurier var vitt spridda över jorden,
och deras fossil har hittats på flera
världsdelar. Forskarna tror att
Mosasauriernas närmaste levande

släktingar är ödlor och ormar.
I ett stenbrott nära Maastricht i
Nederländerna hittades 1770 fossilen av
ett stort djur som först långt senare kom
att identifieras som en *Mosasaurus*. Det
var Georges Cuvier som i början av
1800-talet lyckades fastställa att det
handlade om en väldig havslevande ödla,
och gav den namnet Mosasurus som
betydde ödla från Meuse.

Fossil har påträffats i Nya Zeeland, USA
(Kansas), Kanada (Manitoba), Mexiko,

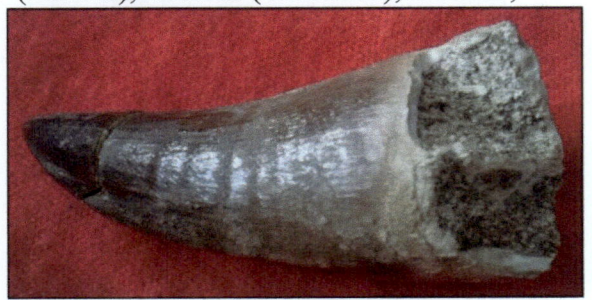

Marocko, Storbritannien och även i
Sverige.
De äldsta fossilen av **Mosasaurier** tros
vara från Yngre Kritaperioden
(Turonian-skedet). Forskarna tror att de
utvecklades ur åtminstone 2 grupper av
Aigialosaurier, en grupp av basala

Mosasauroider (Russell, 1967). Ett av de äldsta fynden är *Dallasaurus turneri* (Bell, 2005), som tros vara cirka 92 milj. år gammal. Den var cirka 1 meter lång och tros ha haft ben, snarare än fenor. Forskarna tror att den representerar en felande länk mellan landlevande kräldjur och senare Mosasaurier. Fossil daterade till cirka 85 milj. år sedan visar en påfallande storlek jämfört med tidigare släktingar, såsom *Mosasaurus*, som tros ha varit omkring 15 meter lång, *Prognathodon*, cirka 10 meter, och *Tylosaurus*, cirka 9 meter.

Förstenat trä, även kallat **förkislat trä** är ett mineral gjort på kiseoxid. Ibland är ämnet jaspis ibland kalcedon och i sällsynta fall opal.
Det är inte träet i sig som förstenats utan

varje cell i trädet har bytts ut. De bästa

exemplaren har blivit till genom att
finkornigt sediment täckt en bit trä
snabbt efter att trädet dött. Därefter byts
allt i trädet ut genom cirkulerande vatten
som medför sediment. Detta gör att allt i
trädet kan bevaras. Årsringar, maskhål
m.m. Men även andra saker kan
tillkomma från mineralet i denna
kristaliseringsprosses.

Färgen kommer från olika mineral. Den
svarta färgen kommer från kol eller
magnesiumoxid. Grön och blå kommer
från kobolt, krom eller koppar. Silikat
gör en vit eller grå färg. Järnoxid färgar
röd, brun eller gult. Och slutligen
magnesium färgar rosa eller orange.
Australien har stora bestånd av förstenat
och opalisterat trä.

Argentina anses ha en av världens
främsta "skogar" med förstenat trä.
Provinsen Santa Cruz som ligger i
Patagonien har många träd som mäter
upp till 3 meter i diameter och 30 meter i
längd, vilket är större än de i USA

Egypten har fina kvaliteter av förstenat

9

trä. Trädet återfinns vid Jel Moka Ham i Kairo.

Grekland, förstenade skogen vid den västra delen av ön Lesbos, finns en stor förstenad skog. Den mäter upp till 150 km² och blev nationalpark 1985. Man kan hitta träd kompletta med rotsystem.

Kanada - Har en av världens största förstenade skogar. Den ligger på Axel Heibergs ö i Nunavut. Även i södra Albertas *badlands* finns betydande bestånd. Förstenat trä finns i Albertas provinssten.

Förstenat trä används som prydnadsten. Det slipas till askfat, bokstöd, brevpressar med mera.

Koralldjur, Anthozoa, är solitära eller kolonibildande polyper. Polyperna bildar själva ägg och spermier, och kan fortplanta sig genom såväl sexuell  förökning som asexuell förökning (så kallad *avknoppning*). Kolonin har ett yttre eller inre skelett av kalciumkarbonat eller hornartade ämnen. Många koralldjur är självlysande, som ett resultat av bioluminiscens.

Koralldjuren är en stor klass av djur med över 6 000 arter. Med koraller menas i vardagligt tal oftast de sexstråliga koralldjuren, vars arter också är de vanligaste i de tropiska korallreven.

Utmed Sveriges kuster är det också vanligt med koralldjur, och det finns korallrev i Kosterrännan (se Kosterfjorden) utanför norra Bohuslän,

 där ögonkorallen bildar rev i vatten under 85 meters djup. Det finns cirka 70 arter av koralldjur i Sverige. Gruppen koralldjur inkluderar de revbyggande hermatypiska koraller som kan hittas i de tropiska oceanerna, dessa tillhör underklassen sexstråliga koralldjur, Zoantharia, till ordningen Scleractinia (tidigare Madreporaria).

Sistnämnda kan också kallas *steniga koraller* eftersom den levande vävnaden tunt täcker ett skelett som är sammansatt av kalciumkarbonat. En koralls *huvud* är bildat av många individuella polyper, där varje polyp bara är ett par millimeter i diameter. Kolonierna av polyper fungerar i huvudsak som en enda organism, genom att dela näringsämnen via ett välutvecklat gastrovaskulärt nätverk, polyperna är kloner, där varje polyp har samma genetiska struktur. Varje polypgeneration växer på skelettet till de tidigare generationerna, och bildar därmed en struktur som har en karakteristisk form för arten, men som kan vara påverkad av miljön den lever i.

De hermatypiska korallerna skaffar sig mycket av de näringsämnen de behöver från symbiotiska encelliga alger kallade zooxanthellae, och är därför beroende av solljus. Som ett resultat av detta finner man ofta dessa koraller nära vattenytan, men i klart vatten kan de växa på ända ner till 60 meters djup.

Koraller förökar sig genom att många

koraller av samma art i en region
samtidigt släpper ut *gameter*, könsceller,
över en period på en eller ett par nätter
vid fullmåne.

Ammoniter (Ammonoidea) är en utdöd
underklass av bläckfiskar. De levde från
ungefär 400 till 65 miljoner år sedan
ända från tidig devon fram till översta
krita. De levde i grunda hav och många
var bra på att simma. Ammoniter har
genom åren använts flitigt som
biostratigrafiska markörer, främst under
jura, eftersom nya arter utvecklades
snabbt och levde under en relativt kort

period i jordens historia.

Man känner till ca 5 000 arter av
varierande storlek, från en centimeter till
2,5 meter i diameter. Ammoniterna hade

oftast ett i en plan spiral hoprullat skal
av aragonit, som var delat i flera kamrar
av tvärväggar, där själva djuret fanns i
den yttersta.

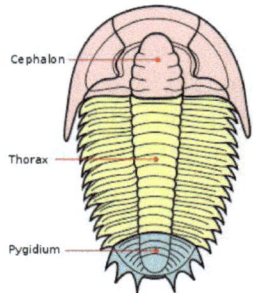 

Trilobiter är en utdöd djurgrupp som
fanns under den tidsperiod i jordens
historia som sträcker sig från kambrium
till slutet av perm. Det enda spåret av
trilobiter som finns i dag är i form av
fossil och spårfossil. Trilobita är en klass
under leddjuren och är således nära släkt
med dagens kräftdjur och insekter.
Trilobiterna var en mycket artrik grupp,
det finns omkring 4 500 släkten
beskrivna, med uppskattningsvis 50 000
arter. Sannolikt är detta aningen för
många, antalet kommer antagligen att
minska med ny forskning.

Trilobiter är viktiga zonfossil och

används för att datera bland annat
kambriska bergarter.
En trilobit delas upp i huvudsakligen tre
olika kroppssegment: cephalon, thorax
och pygidium. Cephalon är trilobitens
huvud och sitter längst fram. Här hittar
man bland annat ögonen och på dess
undersida hypostomet. Thorax utgör
mellankroppen och består av ett antal
segment, varje med ett benpar. Pygidium
är trilobitens stjärtdel. Det är av varierad
storlek beroende på vilken sorts trilobit
det är. Trilobiterna hade avancerade
fasettögon
Trilobiternas levnadsstrategier var
mycket olika. Det fanns arter som kunde
simma medan andra kröp omkring på
havsbotten.
Dolksvans är ett till utseendet och
förmodligen även levnadssättet liknande
nu levande primitivt leddjur, som inte
tillhör trilobiterna utan en annan grupp,
merostomaterna.

Diabas är en mörk basisk magmatisk bergart.

Huvudmineralen i diabas är plagioklas (labradorit) och pyroxen (augit), med mindre mängder av olivin, magnetit och illmenit. Den svarta färgen orsakas av pyroxen och ytterst små korn av järn- och titanoxid i den annars ljusa plagioklasen. Beteckningen diabas, eller på franska *diabase* infördes 1807 av Alexandre Brongniart. Han härledde ordet till grekiskans δι- (*di-*) och *bas* av grekiska βάσις, med avseende på bergartens två beståndsdelar men sköt, grammatiskt fel, in ett "a" mellan orden. Snart fick bergarten istället beteckningen *dorit*. 1842 återinförde Friedrich Hausmann beteckningen diabas, men nu med hänvisning till det grekiska verbet διαβαίνειν (*diabainein*) (participform διαβας, *diabas*) som betyder genomgående eller genomträngande.

 **Flinta** är en bergart som till stor del består av kiseldioxid och har ett relativt glasaktigt utseende. Den sydskandinaviska flintan brukar till färgen vara mörkgrå, blå, svart eller mörkbrun. Vid vittring får flintan genom vattenförlust en vit skorpa, som av humusämnen i jorden kan färgas röd, brun eller gul. Flinta består av en blandning av de kiselrika mineralen kalcedon och opal. Flinta förekommer som konkretioner i sedimentära lager, huvudsakligen från tertiär eller krita. När liknande mikrokristallina kvartser förekommer i sedimentära lager kallas de vanligen chert (se även hornsten). Flinta bildas bland annat genom utfällning av kisel från till exempel döda svampdjur. Flinta är Skånes landskapssten

Fluorit eller flusspat är ett mineral som innehåller kalciumfluorid (CaF_2). Det har inte varit så populärt som ädelsten då den är för mjuk och inte har tillräckligt bra ljusbrytning. Idag är tillgången desto större i olika stenaffärer framförallt med anknytning till kristallhealing. Den förekommer i oktaederform eller kubisk form. Färgen varierar, vanligt är grön, violett, gul och blå, men ren kalciumfluorid är färglös. Röntgenstrålning kan förändra färgen. Fluoriten har hårdheten 4 på mohs hårdhetsskala. Fluoriten används inom industrin som smältpunktssänkande medel (flussmedel), till exempel vid emaljering, och metallframställning. Andra användningsområden är glas- och keramiktillverkning. Det är också råmaterial för tillverkning av fluorvätesyra. Inom glastillverkningen används det dels som grumlande komponent i visst opalglas (flussglas), dels i mindre mängder i viss glasmassa

som luttringsmedel för att underlätta
smältans homogenisering.

 **Fältspat** är en
mineralgrupp
som består av
silikat av
aluminium
med natrium,
kalium eller
kalcium. Ungefär 60 % av jordskorpan
består av fältspat, som ingår i bland
annat bergarterna granit och gnejs. Det
finns två typer av fältspat och dessa är
kalifältspat, ljust röd-brun eller röd, och
plagioklas, grått, vitt eller i vissa fall en
aning beige. På 1800-talet hade man
gruvor med fältspat i Stockholms
skärgård, som nämns i romanen
Hemsöborna, och till exempel Ytterby
gruva i Vaxholms kommun, där många
grundämnen (särskilt sällsynta
jordartsmetaller) också upptäckts, var
speciellt en fältspatsgruva, som
Rörstrands Porslinsfabrik länge ägde.

Glimmer tål mycket hög temperatur och är en god isolator. Glimmer används därför ofta i samband med elektriska värmeapparater, t ex som stomme till en lindning med  motståndstråd. Typexempel den elektriska brödrosten. Andra goda egenskaper är hög elektrisk genomslagshållfasthet och låga dielektriska förluster vid högfrekvens. Av denna anledning används glimmer som separator i kondensatorer. Muskoviten har också den egenskapen att den är genomskinlig som glas, och med sin höga smältpunkt lämpar den sig därför som material till fönster i ugnar och kaminer, där den kan stå emot höga temperaturer. Glimmer används som elektrisk isolator i högspänningsmaskiner, typ generatorer och motorer. ASEA:s varumärken för isolationssystem till generatorer hette "Micapact" och "Micarex". Isolationsmaterial med glimmer som huvudbeståndsdel för elektrisk isolation.

Glimmer såsom Muskovit kan även ha använts förr i tiden som solstenar till att navigera på haven med.

Grafit (nybildning av grekiska graphhein - skriva) är ett mineral som bara består av grundämnet kol. Grafit är en modifikation av kol där atomerna bildar plana skikt med kristaller av hexagonstruktur. I grafit binder en kolatom tre andra. Inom lagren sitter atomerna fast hårt, men mellan lagren mindre hårt. Det behövs alltså ingen större yttre påverkan för att lagren ska lossna från varandra. Detta gör att när man drar ett stycke grafit mot något, så lämnar det ett gråsvart streck efter sig (något som brukar kallas streckfärg).

Granit (från latinets granul *korn*) är en av de vanligaste bergarterna på den kontinentala jordskorpan. Granit är en magmatisk djupbergart, det vill säga den bildas då magma djupt nere i jorden genomgår en långsam avkylningsprocess. Granit kan ha en grovkornig struktur. Stora delar av Sveriges berggrund utgörs av granit, särskilt i Småland och Norrland. Graniten är nästan alltid helt massiv eftersom den vanligen saknar inre struktur. Ur ett brytnings- och bearbetningsperspektiv brukar granit benämnas som en så kallad hårdsten, i motsats till marmor, kalksten och andra mjuka bergarter som benämns lössten. Dess hårdhet och därigenom hållbarhet, har gett graniten ett rykte som en sten med bra egenskaper. Mykerinos pyramid vid Giza, en av de mest välbevarade av Egyptens pyramider är delvis tillverkad i granit. Den klassiska curlingstenen är i

granit, härrörande från Skottland där den
första stenen tillverkades redan 1750.

 **Hornblände** är ett
mineral, eller
egentligen ett
sammanfattande
namn på flera
olika amfiboler,
utgörande silikat
av järn, kalcium
och magnesium. Hornblände är
mörkgrönt, grönsvart eller ibland något
mörkbrunt till färgen.

De flesta hornbländearterna kristalliserar
monoklint, oftast i korta prismor som lätt
låter sig delas i två riktningar. Hos en del
är denna egenskap mycket utpräglad och
mineralet liknar långa fina strålar och
kallas då strålsten. Asbest är en variant
av strålsten. Dessa varianter är vanligen
gröna till grå och betydligt ljusare än
vanligt hornblände.
Andra varianter är nefrit och smaragdit.
Hornblände är också en beståndsdel i
många kristallinska skiffrar och

eruptivbergarter, som hornbländegnejs, - skiffer, -granit, -diorit, -syenit m fl. Kalkspat även kallat kalcit är ett vanligt förekommande, bergartsbildande mineral, bestående av den kemiska föreningen kalciumkarbonat ($CaCO_3$). Kalkspat är bara en av de mineral som kan bestå av endast kalciumkarbonat, vilket gör det till en polymorf av föreningen.

Kalkspat är oftast färglös till vit, men man kan hitta röd, rosa, gul, honungsgul, brun eller till och med svart kalkspat som får sin färg genom orenheter i stenen. Mineralet bildas huvudsakligen under sedimentära förhållanden.

Klorit är en grupp glimmerliknande, vattenrika silikatmineral som ofta räknas till lerorna. Klorit består av magnesium, nickel, järn, kisel och aluminium. De vanligaste kloriterna i Sverige är pennin och klinoklor. Den har en hårdhet på 2–2,5. Klorit bildas genom omvandling av biotit och mörka silikatmineral som hornblände, pyroxen vid relativt låg temperatur, och därför förekommer klorit över stora delar av världen. Den är som regel grön, men kan även vara gul, röd, svart eller vit.

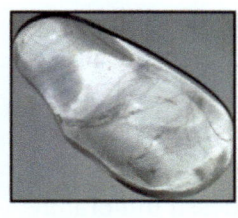

Kvarts är ett mineral bestående av kiseldioxid, SiO_2. Färgen är transparent, lätt mjölkvit, för andra färgvarianter se nedan. En grön kvarts som inte finns i naturen heter prasiolit. Kvarts används som råvara till porslin och glas, samt är en av de viktigaste ingredienserna i keramikglasyrer, i det att kvartsen i sig själv kan smälta ut till en glasliknande massa. Bergarten kvartsit består av kvarts. Kvarts är ett av den kontinentala jordskorpans vanligaste mineral (cirka 11 volymprocent). Dess densitet är vid standardtryck och - temperatur 2643 kg/m³. Gamla folkliga benämningar på kvarts är *kattflinta* eller *kattsten.* Kvarts fungerar utmärkt mot ett eldstål, när man behöver en duglig gnista för att göra upp eld.

 **Serpentin** är en gemensam beteckning för de mineral som ingår i serpentinserien som är en serie av magnesiumhaltiga silikatmineral. Namnet serpentin kommer av att vissa aggregat kan likna ormskinn.Serpentinmineralen ingår i kaolinit-serpentingruppen. Sammansättningen för dessa mineral är ungefär $Mg_3Si_2O_5(OH)_4$. Sepentiner förekommer som små kristaller som är skimrande eller matta och kan vara gula, gröna, gråblå, rödbruna, svartavita eller

grå.

Talk (ord av persiskt ursprung: talk ,(تالک) latinskt namn: *Talcum*) även steatit och tvålsten är ett mineral med vit eller ljust grön färg. Den kemiska formeln är $Mg_3(OH)_2Si_4O_{10}$. Hårdheten enligt Mohs skala är 1. Som livsmedelstillsats betecknas talk med E-nummer E 553b. Talk kan innehålla föroreningar av Tremolitasbest. Talk kan ge upphov till lungcancer.Talk i pulverform används till exempel av gymnaster för att minska friktionen mot insidan av händerna.

Turmalin är också den ädelsten som kan uppvisa flest färger, den kan efterlikna praktiskt taget alla ädelstenar i färg, från färglöst till helt svart och alla färger däremellan. Flerfärgade

förekommer också. Namnet kommer
från singalesiskans *tura mali,* som
betyder "mångfärgad sten". Sällsynt
finns färgändrande stenar, som skiftar
färg mellan dagsljus och konstljus
(metameri) och stenar med s.k.
kattögoneffekt. En annan utmärkande
egenskap för turmaliner är att den är
pyroelektrisk, d.v.s. får elektrisk
laddning vid upphettning. I
Nederländerna utnyttjades denna
egenskap för att dra ut askan ur
sjöskumpipor. P g a detta kallades
turmalin "aschentrekker" (askdragare,
askblåsare).

Alunskiffer är en
svart finkornig
sedimentär bergart
med hög halt av
organiskt material och hög salthalt. I
orstenar i svenska alunskiffrar har
påträffats de mest välbevarade fossil av
leddjur, t.ex. små kräftdjur och trilobiter.

 **Diorit** är en mindre vanlig bergart, vilken bildas inom aktiva bergskedjebildande zoner. Stockholmstraktens grönstenar består till viss del av omvandlade dioriter. Den används bl.a. som fasadsten.

 **Gabbro** består vanligen av mörkgrå till svart, grovkornig, basisk magmabergart tillhörande djupbergarterna. Den består huvudsakligen av mineralen plagioklas och pyroxen i ungefär lika mängd samt hornblände och järnoxidmineral.

 **Hematit** eller järnglans är det vanligaste järnmalmsmineralet som finns. Mineralet

förekommer ofta i mindre mängd i
magmatiska bergarter, särskilt lavor.

Leptit (äldre
benämningar är *eurit*,
felsitoid, *granulit* och
hälleflintgnejs) är en
sorts finkornig
metamorfsilikatbergart. Leptit bildas
genom omvandling av vulkaniska
produkter så som lava, aska och delvis
av vittrat material från äldre bergarter.

Lerskiffer är en
sedimentär eller
metamorf, tät,
olikfärgad bergart som
bildas genom att
lerpartiklar samlats på botten av
havsdjup. Partiklarna pressas samman av
sin egen tyngd och av vattenmassornas
tyngd. Denna botten kan senare komma
upp till ytan genom tektoniska rörelser.

 **Magnetit**, ibland även kallat svartmalm, är en gråsvart järnoxid med formeln Fe_3O_4, där två av järnatomerna har laddningen +3 och en har laddningen +2. Magnetit bildas huvudsakligen under högt tryck och hög temperatur och nybildas inte i någon stor utsträckning på jordytan. Bildas dock till exempel i samband av korrosion av stål, och ingår därför ofta i rost. Magnetit är också en vanlig järnmalm som bryts i bland annat Kiruna och Malmberget. Magnetit är naturligt magnetiskt (ferrimagnetiskt), vilket gör den lätt att skilja ut från det omgivande gråberget.

 **Marmor** är en metamorf bergart, strukturen kan vara fin- eller grovkornig. Marmor bildas genom att kalksten utsätts för höga tryck och temperaturer vilket medför att den ursprungliga bergartens kemiska sammansättning och kristallstruktur ändras. Eftersom marmor är en relativt

31

lättbearbetad bergart och har ett
tilltalande utseende har man använt
bergarten som byggnadssten- och
ornamentssten över hela världen under
tusentals år.

Obsidian är en bergart
som bildas av lava som
stelnat så hastigt att
någon kristallin struktur
inte hunnit bildas. Ämnet har därför
amorf struktur, och stenarten är ett
ogenomskinligt, vanligen mörkgrönt,
mörkbrunt eller svart glas.

Orsten, kallas även i
folkmun för *stinksten*
eller *stinkkalk* på grund
av den illaluktande doft
som framträder då man
klyver stenen.
Orstenarna består av en bituminös
kalksten och uppträder som linser i olika
horisonter av den kambriska
alunskiffern. Orstenarna har länge varit
kända för sina makrofossil, bland annat i
form av olika trilobiter. Under 1980-talet
hittade tyska paleontologer extremt

välbevarade mikrofossil, främst i form
av olika kräftdjur, en s.k. lagerstätte, i
orstenar från Västergötland. Denna
lagerstätte kallas därför för
Orstensfaunan. Dessa fossil är bevarade i
tre dimensioner, vilket är väldigt
ovanligt, och har bildats genom
fosfatisering. En process där fossilets
ursprungliga kropp har ersatts av fosfat.
Dessa unika fossil har prepareras fram
genom att kalkstenen har lösts upp med
hjälp av olika syror. I orsten har man
bland annat påträffat världens äldsta
trögkrypare och tungmaskar.

Porfyr, helt
eller
övervägande
kristallin,
oftast
massformig,
mer eller
mindre sur silikatbergart av växlande
färg, oftast svart till grå men
förekommer också som röd, rödbrun
eller brunviolett. Porfyr har bildats dels
genom stelning av lava på eller nära
under jordytan, dels genom avlagring av
och "förstening" av vulkanisk aska.

Karakteristiskt för bergarten är i den finkorniga eller täta grundmassan utströdda kristaller av i första hand kvarts och fältspat. Även andra mineral förekommer som till exempel svart glimmer (biotit). Dessa strökorn har kristalliserat långt under jordytan, i ett tidigt skede av det vulkaniska materialets vandring uppåt, och har därför blivit mycket större än partiklarna i den hastigt stelnade lava eller det askregn som de blivit inbäddade i.

Sandsten är en sedimentär bergart som har ett matrix bestående av sand (dvs "sandkorn" med storleken 0,06-2 mm). En sandsten kan ha olika sorters bindemedel som binder samman sandkornen och får då olika egenskaper, till exempel kvarts (kvartssandsten, som är vanligast), kalkspat (kalcit-kalksandsten), limonit (järnsandsten) eller lera (lersandsten). Sandsten finns på sandiga ställen där kvarts eller kalkspat binder ihop den.

Blyglans (*PbS*) är ett
sulfidmineral av blysulfid
som ofta innehåller silver
och uppträder tillsammans
med zinkblände eller
andra sulfidmineral. Mineralet är
världens enda blymalm av betydelse. I
Sverige förekommer mineralet på ett
flertal platser.

 **Kopparkis**, kallas
även kalkopyrit,
$CuFeS_2$, är ett
mineral som består
av koppar (34,5 %),
järn (30,5 %) och
svavel. Mineralet kristalliserar
tetragonalt och smälter ganska lätt under
utveckling av svavelsyrlighet och blir då
magnetiskt.
Det sönderdelas av kungsvatten och, om
än med svårighet, av salpetersyra, varvid
svavel skiljs ut.

 **Pyrit** (FeS₂), *svavelkis, kis* eller *järnsulfid* (rent kemiskt är svavelkisen egentligen järndisulfid, som är sammansatt av järn (46 %) och svavel (53,3 %)) eller i folkmun *kattguld*, är det vanligaste sulfidmineralet i jordskorpan.

Denna lite större sten kommer från Sveriges framsida, Göteborg. Jag var där för några somrar sedan 2012-08-08. I vanligt tal skulle man beteckna stenen som gråsten, men på lite finare språk heter den sjöpolerad **Gnejs**.

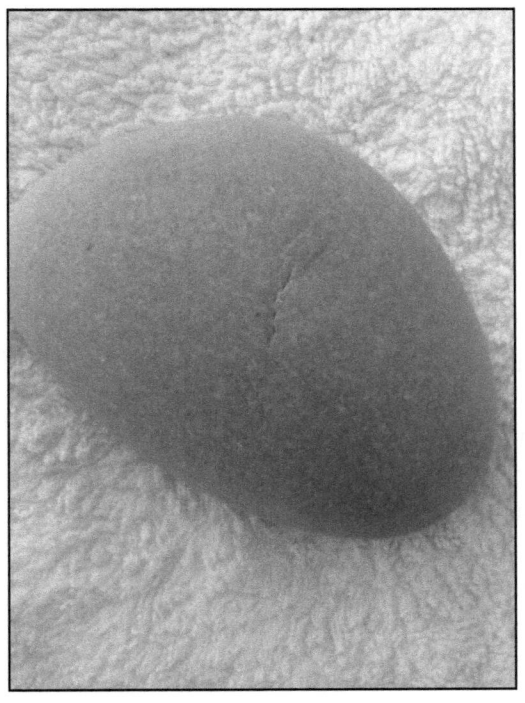

Den här mäktiga bumlingen kommer
från St:Anna skärgård i Östergötland. En
vän till mig plockade upp den när han
badade. Han liksom jag tycker den är fin
och talande för St:Anna skärgård.
Namnet på den här stenen är också den
Gnejs

Agat, är en ädelsten
som är ett kompakt
aggregat av
kalcedon, det vill
säga kristallin
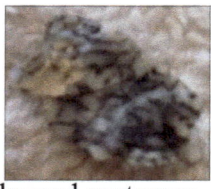
kvarts och som är uppbyggd av tunna
parallella och olikfärgade skikt, som
bildar koncentriska eller oregelbundna
mönster. Ibland är den även relativt
enfärgad. Den kan vara allt från
transparent till ogenomskinlig. Namnet
kommer från *Achates*, ett namn som
under antiken användes för den
sicilianska floden Dirillo där
Theophrastus skall ha funnit sådana
stenar.
Agatfyndigheter finns i Brasilien, Indien,
Egypten, Skottland, Uruguay och
Finland.

Blyglans
(*PbS*) kallas
även galenit
och är ett
sulfidmineral
av blysulfid
som ofta innehåller silver

och uppträder tillsammans med zinkblände eller andra sulfidmineral. Mineralet är världens enda blymalm av betydelse. I Sverige förekommer mineralet på ett flertal platser och den största brytningen har ägt rum i Sala, Guldsmedshyttan och Kaveltorp i Västmanland, Saxberget och Garpenberg i Dalarna samt i Vassbo, Idre, Dalarna och Laisvall, mellersta Lappland.

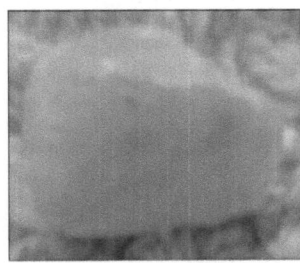

Fluorit eller **flusspat** är ett mineral som innehåller kalciumfluorid (CaF_2). Det har inte varit så populärt som ädelsten då den är för mjuk och inte har tillräckligt bra ljusbrytning. Idag är tillgången desto större i olika stenaffärer framförallt med anknytning till kristallhealing.

Den förekommer i oktaederform eller kubisk form. Färgen varierar, vanligt är grön, violett, gul och blå, men ren kalciumfluorid är färglös. Röntgenstrålning kan förändra färgen. Fluoriten har hårdheten 4 på mohs hårdhetsskala. Fluoriten används inom industrin som smältpunktssänkande medel (flussmedel), till exempel vid emaljering, och metallframställning. Andra användningsområden är glas- och keramiktillverkning. Det är också råmaterial för tillverkning av fluorvätesyra.

Inom glastillverkningen används det dels som grumlande komponent i visst opalglas (flussglas), dels i mindre mängder i viss glasmassa som luttringsmedel för att underlätta smältans homogenisering. Kalciumfluorid används i vetenskapliga instrument som fönster för ultraviolett ljus

 **Diorit** är en mindre vanlig bergart, vilken bildas inom aktiva bergskedjebildande zoner. Stockholmstraktens

grönstenar består till viss del av
omvandlade dioriter. Den används bl.a.
som fasadsten.

Alunskiffer
är en svart
finkornig
sedimentär
bergart med
hög halt av organiskt material och hög
salthalt. I orstenar i svenska alunskiffrar
har påträffats de mest välbevarade fossil
av leddjur, t.ex. små kräftdjur och
trilobiter.

Gabbro består
vanligen av
mörkgrå till svart,
grovkornig, basisk
magmabergart
tillhörande djupbergarterna. Den består
huvudsakligen av mineralen plagioklas
och pyroxen i ungefär lika mängd samt
hornblände och järnoxidmineral.

Glimmerskiffer är en metamorf bergart som blidats av silt eller lera. Ingående mineraler är fältspat, kvarts och glimmermineral. Glimmern är oftast ljus, dess blad är alltid parallellt orienterade och den har därför en tydlig skiffrighet. Kvartsen är i regel huvudbeståndsdelen, men framträder dock obetydligt på spaltytorna, då dessa vanligen är helt täckta med glimmerfjäll. Innehåller bergarten granat kallas den granatglimmerskiffer. Fältspathaltiga varianter bildar övergång till gnejs och glimmerfattiga till kvartsit.

Gnejser, graniter och granitoider är de ojämförligt vanligaste bergarterna i det svenska urberget. Man har brutit gnejs för produktion av byggnads, ornament, kant- och gatsten huvudsakligen i Blekinge. Makadamtillverkningen är till stor del baserad på gnejser och förekommer över hela landet.

Hematit eller järnglans är det vanligaste järnmalmsmineralet som finns. Mineralet förekommer ofta i mindre mängd i magmatiska bergarter, särskilt lavor.

Leptit (äldre benämningar är *eurit*, *felsitoid*, *granulit* och *hälleflintgnejs*) är en sorts finkornig metamorf silikatbergart. Leptit bildas genom omvandling av vulkaniska produkter så som lava, aska och delvis av vittrat material från äldre bergarter.

Lerskiffer är en sedimentär eller metamorf, tät, olikfärgad bergart som bildas genom att lerpartiklar samlats på botten av havsdjup. Partiklarna pressas samman av

sin egen tyngd och av vattenmassornas
tyngd. Denna botten kan senare komma
upp till ytan genom tektoniska rörelser.

Magnetit, ibland
även kallat
svartmalm, är en
gråsvart järnoxid
med formeln Fe_3O_4,
där två av
järnatomerna har laddningen +3 och en
har laddningen +2. Magnetit bildas
huvudsakligen under högt tryck och hög
temperatur och nybildas inte i någon stor
utsträckning på jordytan. Bildas dock till
exempel i samband av korrosion av stål,
och ingår därför ofta i rost. Magnetit är
också en vanlig järnmalm som bryts i
bland annat Kiruna och Malmberget.
Magnetit är naturligt magnetiskt
(ferrimagnetiskt), vilket gör den lätt att
skilja ut från det omgivande gråberget.

Marmor är en metamorf
bergart, strukturen kan vara
fin- eller grovkornig.
Marmor bildas genom att
kalksten utsätts för höga

tryck och temperaturer vilket medför att den ursprungliga bergartens kemiska sammansättning och kristallstruktur ändras. Eftersom marmor är en relativt lättbearbetad bergart och har ett tilltalande utseende har man använt bergarten som byggnadssten- och ornamentssten över hela världen under tusentals år.

Obsidian är en bergart som bildas av lava som stelnat så hastigt att någon kristallin struktur inte hunnit bildas. Ämnet har därför amorf struktur, och stenarten är ett ogenomskinligt, vanligen mörkgrönt, mörkbrunt eller svart glas.

Orsten, kallas även i folkmun för *stinksten* eller *stinkkalk* på grund av den illaluktande doft som framträder då man klyver stenen. Orstenarna består av en bituminös kalksten och uppträder som linser i olika horisonter av

den kambriska alunskiffern. Orstenarna
har länge varit kända för sina
makrofossil, bland annat i form av olika
trilobiter. Under 1980-talet hittade tyska
paleontologer extremt välbevarade
mikrofossil, främst i form av olika
kräftdjur, en s.k. lagerstätte, i orstenar
från Västergötland. Denna lagerstätte
kallas därför för Orstensfaunan. Dessa
fossil är bevarade i tre dimensioner,
vilket är väldigt ovanligt, och har bildats
genom fosfatisering. En process där
fossilets ursprungliga kropp har ersatts
av fosfat. Dessa unika fossil har
prepareras fram genom att kalkstenen
har lösts upp med hjälp av olika syror. I
orsten har man bland annat påträffat
världens äldsta trögkrypare och
tungmaskar.

Porfyr, helt eller övervägande kristallin,
oftast massformig, mer eller mindre sur
silikatbergart av växlande färg, oftast
svart till grå men förekommer också som
röd, rödbrun eller brunviolett. Porfyr har
bildats dels genom stelning av lava på
eller nära under jordytan, dels genom
avlagring av och "förstening" av

vulkanisk aska. Karakteristiskt för bergarten är i den finkorniga eller täta första hand kvarts och fältspat. Även grundmassan utströdda kristaller av i andra mineral förekommer som till exempel svart glimmer (biotit). Dessa strökorn har kristalliserat långt under jordytan, i ett tidigt skede av det vulkaniska materialets vandring uppåt, och har därför blivit mycket större än partiklarna i den hastigt stelnade lava eller det askregn som de blivit inbäddade i.

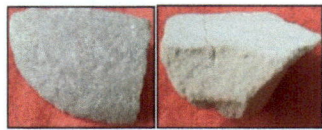

Sandsten är en sedimentär bergart som har ett matrix bestående av sand (dvs "sandkorn" med storleken 0,06-2 mm). En sandsten kan ha olika sorters bindemedel som binder samman sandkornen och får då olika egenskaper, till exempel kvarts (kvartssandsten, som är vanligast), kalkspat (kalcit-kalksandsten), limonit (järnsandsten) eller lera (lersandsten). Sandsten finns på sandiga ställen där kvarts eller kalkspat binder ihop den.

Fann denna **järnmalmsklump** i Regnaskogen när jag, min mor och far var ute för att plocka svamp. Som tur var så skulle vi även grilla medhavt kött. Vi satte oss ner för att invänta glödbädden och där precis där låg denna bumliga ojämna sten.

Jag tog hem den, badade den med svamp och diskborste.

Ska jag namnge denna sten så får det nog bli järnmalm, Den är kraftigt magnetisk så halten järn är nog hög.

Blyglans (*PbS*) är ett sulfidmineral av blysulfid som ofta innehåller silver och uppträder tillsammans med zinkblände eller andra sulfidmineral. Mineralet är förekommer mineralet på ett flertal platser.

Kopparkis, kallas även kalkopyrit, $CuFeS_2$, är ett mineral som består av

48

koppar (34,5 %), järn (30,5 %) och
svavel. Mineralet kristalliserar
tetragonalt och smälter ganska lätt under
utveckling av svavelsyrlighet och blir då
magnetiskt. Det sönderdelas av
kungsvatten och, om än med svårighet,

av salpetersyra, varvid
svavel skiljs ut.
Pyrit (FeS_2), *svavelkis*,
kis eller *järnsulfid* (rent
kemiskt är svavelkisen
egentligen järndisulfid,
som är sammansatt av
järn (46 %) och svavel
(53,3 %)) eller i folkmun *kattguld*, är det
vanligaste sulfidmineralet i jordskorpan.

Safir (lat. sapp(h)i_rus, av grek.
sa_ppheiros, ett ord av semitiskt
ursprung), vanligtvis blå ädelstensvariant
av mineralet korund. Den blå färgen
beror på små mängder av järn och titan.
Safirer finner man tillsammans med
rubiner i Burma, Sri Lanka och
Thailand. De finaste safirerna kommer
från Zanskardistriktet i Kashmir i Indien.
Syntetiska safirer har framställts sedan
början av 1800-talet. Den blå safiren är

en dyrbar och uppskattad smyckesten, som oftast förekommer monterad som solitär eller som dominerande färgaccent tillsammans med diamanter, som i Leuchtenbergska safirerna. Den sågs förr som symbol för bl.a. sanning och kyskhet.

Safiren omtalas föga från den klassiska antiken, då ordet ofta avsåg lapis lazuli, men blev under medeltiden mycket uppskattad för sina övernaturliga egenskaper; den ansågs skydda mot bl.a. hat, otrohet och avund. Safirer bars p.g.a. sina kyskhetsbefrämjande egenskaper ofta av andliga. Som månadssten har den haft skiftande användning.

 **Diamant**; trots sin stora hårdhet är diamanten dock spröd och känslig för slag.
Kristallstrukturen visar att varje kolatom är bunden till fyra andra kolatomer på lika avstånd så att ett tetraedriskt hoplänkningsmönster präglar kristallen. Denna stuktur, som är tätt sammanbunden med starka krafter

verkande mellan atomerna, ger mineralet
dess utomordentliga hårdhet.

 **Månsten**, det vanliga
namnet för adular, en
fältspatvariant, är en
ädelsten som är
opaliserande blåvit till
färgen och brukar slipas till runda
former. Månstenar är en Namnet
kommer från det blåaktiga skimret i
stenen. Orsaken till skimret är en
lamellstruktur.

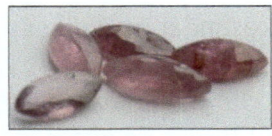 **Rubin** röd
ädelstensvariant
av mineralet
korund. Den röda
färgen orsakas av mycket små mängder
krom. Rubiner med den bästa färgen
kommer från Mogokområdet i Burma,
medan Thailand är den största
producenten. Rubiner framställs också
syntetiskt och dessa används bl.a. vid
tillverkning av mekaniska
precisionsinstrument, t.ex. klockor, och
lasrar. Rubinen är en av de dyrbaraste
och högst skattade ädelstenarna inom
guldsmedskonsten. Den är främst en

symbol för kärlek men utgör även bl. a.
ett tecken på kunglig värdighet och ingår
därför ofta i utsmyckningen av
riksregalier.

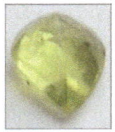 **Safir** är en vanligtvis blå
ädelsten av mineralet korund
och är en av de mest
uppskattade ädelstenarna.
Safir har varit namnet på flera olika
stenar så som lapis lazuli. Senare kallade
man bara den blåa varianten safir och
kallade dem korunder/safirer för andra
konstiga namn som ex. orientalisk
peridot. Idag kallas korunder med alla
olika färger utom den röda för safir då
röd korund är rubin. Om man omnämner
safir utan att lägga till färgen så avser
man den blåa safiren. Den mest
värdefulla färgen hos safiren är den
blåklintsblåa färgen. Det som ger den
blåa färgen i safiren är järn och titan.

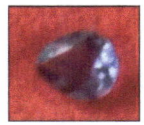 **Topas** är en ädelsten som
består av silikat, fluorid och
aluminiumhydroxid. Den är
känd sen 1538. Ren topas är
ofärgad, men som regel uppträder de

färgade av metaller, varför topaser kan
förekomma i alla färger, men gul och
vinfärgad topas är de vanligaste. Gul
korund kallas ibland *orientalisk topas*.
Den topas som används slipad som
ädelsten är kristalliserad och helt
transparent, men den som förekommer i
Sverige är för matt för att kunna
användas till detta ändamål.

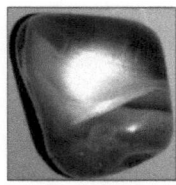 **Agat**, är en ädelsten som
är ett kompakt aggregat
av kalcedon, det vill säga
kristallin kvarts och som
är uppbyggd av tunna
parallella och olikfärgade skikt, som
bildar koncentriska eller oregelbundna
mönster. Ibland är den även relativt
enfärgad. Den kan vara allt från
transparent till ogenomskinlig.Namnet
kommer från *Achates*, ett namn som
under antiken användes för den
sicilianska floden Dirillo där
Theophrastus skall ha funnit sådana
stenar. Agatfyndigheter finns i Brasilien,
Indien, Egypten, Skottland, Uruguay och
Finland.

 **Citrin** är den guldbruna varianten av kvarts. Den förekommer naturligt, men även som brända ametister eller rökkvartser. Oftast är den naturliga citrinen lite svagare i färgen än den är när den är en bränd ametist som är lite mer röd i den gula tonen. Att notera är att brända citriner inte har någon pleokroism, vilket naturliga har svagt. Stenen färgas av järnförorening i stenen. Namnet kommer från citron på grund av den gula färgen.

Fyndorter för citrin är bland annat Argentina, Brasilien, Burma, Madagaskar, Namibia, Ryssland, Skottland, Spanien och USA.

Som månadssten kan man hitta citrinen i november enligt någon tradition. Och som zodiaksten har den tyska traditionen citrinen i Tvillingarna eller Vågen.

Fluorit eller **flusspat** är ett mineral som innehåller kalciumfluorid (CaF_2). Det har inte varit så populärt som ädelsten då den är för mjuk och inte har tillräckligt bra ljusbrytning. Idag är tillgången desto större i olika stenaffärer framförallt med anknytning till kristallhealing.

Den förekommer i oktaederform eller kubisk form. Färgen varierar, vanligt är grön, violett, gul och blå, men ren kalciumfluorid är färglös. Röntgenstrålning kan förändra färgen. Fluoriten har hårdheten 4 på mohs hårdhetsskala. Fluoriten används inom industrin som smältpunktssänkande medel (flussmedel), till exempel vid emaljering, och metallframställning

 **Hematit**, även **blodstensmalm** eller **järnglans**, är en rödaktig järnoxid med formeln α-Fe_2O_3. Hematit är vanligt i tropiska jordar; orsakar ofta sådana jordars mer eller mindre röda färg. Bildas mycket långsamt efter omvandling av ferrihydrit. Hematit är också en vanlig järnmalm och förekommer allmänt i malmfälten i Bergslagen. Hematit är omagnetiskt på grund av antiferromagnetism, vilket gör den svårare att sortera ur gråberget än

55

magnetit.
Mineralet kvarts bildar ränderna i den
kvartsbandade blodstensmalmen.
Kvartsbandad blodstensmalm kan bl a
hittas i Norbergs- och Noratrakten och är
landskapet Västmanlands landskapssten.
Det finns också på Mars.
Namnet *blodstensmalm* kommer av att
när den repas eller pulveriseras får den
en röd färg.

Jaspis är en ogenomskinlig kvarts, men i
somliga böcker hamnar den under

kalcedonerna. Namnet
kommer från grekiskan
och betyder prickig sten,
men användes helt
annorlunda under antiken
än nu. Då betecknade det
gröna, genomskinliga stenar.

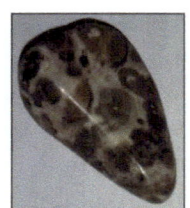
Jaspis finns i alla
nyanser, mest randig
eller fläckig. Jaspisen
har upp till 20 % andra
främmande ämnen i sig,
vilket ger de olika
färgkombinationerna. Detta gör även att

streckfärgen som stenen har blir
annorlunda beroende på vilket ämne som
färgar stenen. Jaspisen ska vara ovanlig
som helt enfärgad.
Jaspis används ibland till sniderier,
ädelstenar, mosaik och inläggningar. Av
jaspis tillverkas också ofta plattor att ha
framför eldstaden, som bordsskivor eller
fasadbeklädnad. Jaspis kan bildas i
förstenat trä och sådana stenar blir till
mycket tilltalande i cabochonslipning
eller som broscher

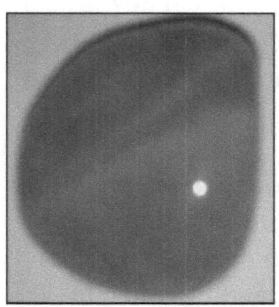

Kvarts är ett
mineral
bestående av
kiseldioxid, SiO_2.
Färgen är
transparent, lätt
mjölkvit, för
andra
färgvarianter se nedan. En grön kvarts
som inte finns i naturen heter prasiolit.
Kvarts används som råvara till porslin
och glas, samt är en av de viktigaste
ingredienserna i keramikglasyrer, i det
att kvartsen i sig själv kan smälta ut till
en glasliknande massa. Bergarten

kvartsit består av kvarts. Kvarts är ett av
den kontinentala jordskorpans vanligaste
mineral (cirka 11 volymprocent). Dess
densitet är vid standardtryck och -
temperatur 2643 kg/m³.
Gamla folkliga benämningar på kvarts är
kattflinta eller *kattsten*.
Kvarts förekommer i två varianter
beroende på kristallstrukturen: α-kvarts
eller lågkvarts, som är stabil vid
temperaturer under 573 grader celsius
och β-kvarts eller högkvarts, stabil i
temperaturer mellan 573 och 867 grader
celsius. Den senare varianten
förekommer av naturliga skäl normalt i
den övre jordskorpan.

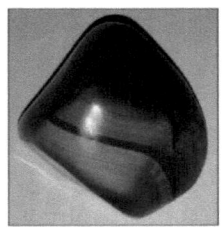 **Malakit** är ett grönt
kopparhaltigt mineral
som kan ses som en
blandning mellan
kopparkarbonat och
kopparhydroxid
(formeln är $Cu_2(OH)_2(CO_3)$). Namnet
kommer ytterst från grekiskan och sägs
komma av mineralets likhet med
malvans blad.

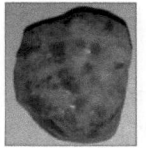 **Smaragd** (gr. *smaragdos*) är en högt värderad ädelsten, en art *beryll*, med gräsgrön färg. Färgen kommer av krom och ibland av vanadin. (På engelska kallas denna ädelsten för emerald och på spanska esmeralda.)

Den dyrbara ring, som kung Polykrates kastade i havet som offer åt gudarna, berättas ha innehållit en smaragd. Smaragdgruvorna vid Zabarah och Kosseir vid Röda havet var enligt en där funnen hieroglyfinskrift bearbetade redan 1650 f.Kr. De berömda gruvorna i Tunkadalen i Colombia upptäcktes 1555, och gruvorna vid Muzo i samma land kände spanjorerna till redan 1537. Där förekommer smaragder med kalkspat, kvarts och svavelkis i en försteningsförande bituminös kalksten och i en svart lerskiffer. I gruvorna vid Jekaterinburg upptäcktes smaragd 1830, där förekommande i glimmerskiffer. Sibiriska genomskinliga smaragder av lägre kvalitet finns i hela 3 dm längd och

väger flera kilogram. Så kallade
akvamariner, smaragder av sjögrön färg,
finns med vikter av mer än 7,5 kg.
Man har inte lyckats bestämma någon
smältpunkt för smaragd eftersom den
spricker vid högre temperaturer.

 **Akvamarin** (av latin:
aqua, "vatten" och
marina, "hav"),
transparent variant av
beryll med ädelstenskvalitet och svag blå
eller blå-grön färg vilket givit
associationen till havsvatten. Den är
månadssten för mars.
Akvamarin är vid sidan av grön smaragd
den mest kända ädelstensvarianten av
mineralet beryll; andra varianter är
heliodor (gul), morganit (rosa) och
gosherit (vit), bixbite (röd) även kallad
"red emerald"

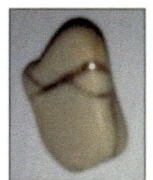 **Jaspis** är en ogenomskinlig
kvarts, men i somliga
böcker hamnar den under
kalcedonerna. Namnet
kommer från grekiskan och
betyder prickig sten, men användes helt
annorlunda under antiken än nu. Då

betecknade det gröna, genomskinliga
stenar.
Jaspis finns i alla nyanser, mest randig
eller fläckig. Jaspisen har upp till 20 %
andra främmande ämnen i sig, vilket ger
de olika färgkombinationerna. Detta gör
även att streckfärgen som stenen har blir
annorlunda beroende på vilket ämne som
färgar stenen. Jaspisen ska vara ovanlig
som helt enfärgad.
Jaspis används ibland till sniderier,
ädelstenar, mosaik och inläggningar. Av
jaspis tillverkas också ofta plattor att ha
framför eldstaden, som bordsskivor eller
fasadbeklädnad. Jaspis kan bildas i
förstenat trä och sådana stenar blir till
mycket tilltalande i cabochonslipning
eller som broscher.

 **Krysopras** eller
chrysopras (av latinets
chrysoprasus, från
grekiskans
chrysoprasos, av
χρυσός (krysos), guld och πράσον
(prason), lök) är en äppelgrön
halvgenomskinlig ädelsten, som
innehåller små mängder nickel. Den

61

förekommer även i mörkgröna nyanser
och hör till gruppen kalcedoner.
Krysopras är kryptokristallin, vilket
innebär att den är sammansatt av så fina
kristaller att de inte går att urskilja som
tydliga partiklar i normal förstoring. På
så vis skiljer den sig från bergkristall,
ametist, citrin och andra varieteter av
kristallint kvarts som huvudsakligen är
genomskinligt formade som lätt
igenkännbara sexsidiga kristaller. Andra
inom den kyptokristallina kvartsfamlijen
är agat, karneol och onyx.
Till skillnad från många andra
otransparanta mineral i kvartsgruppen, är
det färgen snarare än mönstret som gör
krysopras åtråvärd. Krysoprasstenar av
hög kvalitet konkurrerar ofta med fin
jade, vilken den i bland förväxlas med.
Den slipas *en cabochon* (slätslipad utan
fasetter, välvd på övre sidan, den undre
sidan plan eller svagt konvex, omkretsen
rund eller oval) och kan då vara lika
eftertraktad som ametist. Detta gör
krysoprasen till den värdefullaste av
kalcedonerna.

 **Mineralet Lapis Lazuli** består huvudsakligen av svavelhaltiga silikat av aluminium, natrium, kalcium med mera. Det är ogenomskinligt, nästan tätt, med azurblå färg, ibland något grönaktigt. Brottet är matt men kan poleras.

Mineralet är egentligen en blandning av flera delvis ofärgade mineral och anses ha bildats genom omvandling av kristallinsk kalksten. Genom behandling med saltsyra förlorar den färgen och sönderdelas

Lapis lazuli påträffas invuxet som större eller mindre partier i kalksten som hör till de kristallinska skiffrarna, huvudsakligen i Badakhshan vid Amu Darjas övre lopp i Afghanistan, vid den västliga ändan av Bajkalsjön i Sibirien och i Chile (här grönaktig).

Lapis är även en äldre benämning på silvernitrat.

 **Prehnit** är ett grönaktigt mineral som består av vattenhaltigt kalciumaluminiumsilikat. Det kristalliserar i ett ortorombiskt kristallsystem oftast i form av stallaktiska eller botryoidala aggregat, med endast toppen av små kristallerna synliga i ytan. Endast mycket sällan bildar de distinkta väl individualiserade kristaller med kvadratiskt tvärsnitt.Prehnit förekommer tillsammans med mineraler som datolit, kalcit, apofylit, stilbit, laumonit, heulandit etc i håligheter i basaltstenar, men ibland även i graniter eller gnejser. Mineralet förekommer i Alperna, Pyrenéerna och Sydafrika. Omfattande fyndigheter förekommer också i basalt i högplatån i centrala Nordterritoriet i Australien.

En blåaktigt grön variant *chlorastrolit*, förekommer som klumpar vid Isle Royal och Green Store Island.

Så kallad *ädelit* från Ädelfors i Småland är också en variant av prehmit.

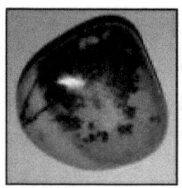 **Rubin** är en värdefull ädelsten, en röd variant av mineralet korund (aluminiumoxid). Den röda färgen orsakas av mycket små mängder krom, men den kan ha en brunaktig ton. Namnet härleds från det latinska ordet för röd, *ruber* eller *rubrum*. Äkta rubiner är mycket exklusiva, men syntetiska stenar kan skapas till ett mycket lågt pris.

Andra korunder är safir, *stjärnsafir* och *stjärnrubin*. De två senare är mestadels mjölkiga safirer eller rubiner av gråblå eller lilaröd färg som visar en sexuddig, rörlig ljusstjärna vilken tydligt framträder i koncentrerat sol- eller lampljus. Stjärnan uppstår av nålar av titanoxiden rutil, eller som man på senare tid upptäckt, järnoxiden hematit. Det är främst de svarta stjärnsafirerna från Thailand, Australien och Afrika som får sina stjärnor av mikroskopiska hematitplattor.

En sexuddig stjärna kommer av att rutilnålarna eller hemaitplattorna bildats och utvecklats i tre riktningar. I sällsynta fall finns både hematitplattor och rutilnålar i stenen. Eftersom dessa inte bildas i samma vinklar uppstår då två stjärnor på varandra, eller vad man brukar kalla en dubbelstjärna. Resultatet blir en tolvuddig stjärna.

Ryolit (eller liparit) extrusiv (vulkanisk) magmatisk ytbergart med felsisk sammansättning. Ryolit har ljus färg och porfyritisk till afanitisk textur. Bergarten består vanligen av mineral som kvarts, alkalifältspat och plagioklas. Accessoriska mineral inkluderar biotit och pyroxen.

Ryolit har i stort sett samma kemiska sammansättning som granit och är att betrakta som dess extrusiva motsvarighet. Den höga halten kiselsyra tillsammans med den låga halten järn och magnesium gör att ryolit snabbt polymeriseras och bildar mycket viskös lava. Ryolit förekommer även i form av breccia i vulkaniska klyftor och gångar.

Om ryolit svalnar för snabbt hinner inte

kristaller bildas. Istället bildas naturligt, vulkaniskt glas kallat obsidian. Vid långsammare avsvalning bildas mikrokristaller i lavan vilket resulterar i texturer med veckbildningar.

 **Diabas** är en mörk basisk magmatisk bergart. Huvudmineralen i diabas är plagioklas (labradorit) och pyroxen (augit), med mindre mängder av olivin, magnetit och illmenit. Den svarta färgen orsakas av pyroxen och ytterst små korn av järn- och titanoxid i den annars ljusa plagioklasen.

Beteckningen diabas, eller på franska *diabase* infördes 1807 av Alexandre Brongniart. Han härledde ordet till grekiskans δι- (*di-*) och *bas* av grekiska βάσις, med avseende på bergartens två beståndsdelar men sköt, grammatiskt fel, in ett "a" mellan orden. Snart fick bergarten istället beteckningen *dorit*. 1842 återinförde Friedrich Hausmann beteckningen diabas, men nu med hänvisning till det grekiska verbet διαβαίνειν (*diabainein*) (participform

διαβας, *diabas*) som betyder
genomgående eller genomträngande.[3

Fonolit, eller **klingsten**,
är en vulkanisk mörkgrå
till grågrön bergart,
ibland med porfyrisk
struktur. Grundmassa är
finkristallinsk och består huvudsakligen
av sanidin, nefelin samt ofta augit,
vilken också bildar strökornen om
sådana förekommer.

Fonolit kan spaltas i skivor, som vid
anslag ger ett klingande ljud, därav
namnet fonolit eller "klingsten". Den
förvittrar lätt och bildar då flera
vittringsprodukter, som är god jordmån
för vinodling.

Gnejs är en metamorf
bergart. Det innebär att
bergarten är bildad
genom omvandling av
en annan ursprunglig
bergart. Den
ursprungliga bergarten kan vara antingen
en magmatisk bergart (ortognejs) eller en
sedimentär bergart (paragnejs) som har

omvandlats under höga tryck och
temperaturer.
Gnejs är vanligtvis uppbyggd av fältspat,
kvarts och en mindre del glimmer.
Färgen på bergarten beror på de mineral
som ingår. Gnejsen har en tydlig
parallellstruktur och skiljer sig
därigenom från graniten.
Parallellstrukturen är dels skiffrighet,
som uppstått genom att glimmerfjällen är
inbördes ordnade parallellt, dels en mer
eller mindre regelbunden lagerindelning
på grund av att bergarten består av
lagervis ordnade glimmerrika och
glimmerfattiga band.

Granit (från latinets granum *korn*) är en
av de vanligaste bergarterna på den
kontinentala jordskorpan. Granit är en
magmatisk djupbergart, det vill säga den
bildas då magma djupt nere i jorden
genomgår en långsam
avkylningsprocess. Granit kan ha en
grovkornig struktur. Stora delar av
Sveriges berggrund utgörs av granit,
särskilt i Småland och Norrland.

Granit består av kiseldioxidrika mineral

som fältspat och kvarts samt mindre
mängder av till exempel glimmer,
hornblände och pyroxen. En granit kan
ha olika färger alltifrån vit till röd och
svart beroende på skillnader i
mineralsammansättning och textur. En
del mineraler är millimeterstora medan
andra kan bli flera centimeter.

Granit är mycket
hård och sprickfri och
har ovanligt hög
motståndskraft mot
tryck, stötar och
deformering; den är
också okänslig för
försurat regn. Eftersom den därtill är
vanligt förekommande på många håll i
världen har den kommit till rik
användning för gatubeläggningar, som
byggnadssten, för murverk och i
ornament och monument

Oxider (från franskans oxyde, från oxygène - syre) kallas vissa typer av kemiska föreningar där grundämnet syre ingår. För att en förening skall kallas oxid behöver dessutom syret vara det elektronegativa beståndsdelen. De flesta grundämnen kan bilda oxider, dock inte halogenerna och de lättaste ädelgaserna. Ett exempel på en oxid är rost (en sorts järnoxid). Olika typer av oxider förekommer normalt och rikligt i naturen[2], från människokroppen till jordskorpan, och är även vanliga beståndsdelar i fast materia över huvud taget i universum.

Medverkande till denna bok är:
Författare & Stensamlare: Pierre Dahlin
Foto och redigering: Catarina Deen
Visst foto utförts av: Pierre Dahlin